A la famille Palmer
et à tous les enfants
qui ont passé leurs vacances
dans cette maison

Traduit de l'anglais par Isabelle Reinharez

Titre original : «Where the Stars Belong» (Kaisei-sha, Tokyo)
Loi numéro 49956 du 16 juillet 1949 sur les publications destinées à la jeunesse : septembre 1989
Dépôt légal : décembre 1990
Imprimé en France par Mame Imprimeurs à Tours

Satomi Ichikawa

La vraie place des étoiles

l'école des loisirs
11, rue de Sèvres, Paris 6e

Le soleil était chaud, une douce brise soufflait de la Méditerranée. Sur la colline, palmiers et cyprès s'étiraient vers le ciel. Oranges, citrons, olives et prunes mûrissaient aux arbres ; les raisins pendaient en grappes. L'air embaumait le jasmin, le mimosa et le laurier-rose.
La grand-mère de Nora habitait en haut de la colline.
Toute la journée le soleil chauffait sa maison – voilà peut-être pourquoi ses murs avaient la couleur du soleil. Là-haut, sur la colline, on se sentait tout près du ciel.
Nora est venue voir Grand-maman avec ses trois amis :
sa poupée Maggie, son ours Pouh et le chien Kiki.

« Bonjour, Grand-maman ! »

Devant la maison poussent des fleurs aux couleurs éclatantes. « Ce sont des hibiscus », explique Grand-maman. « Leurs fleurs s'ouvrent le matin, mais se fanent quand le soleil se couche. La tortue de mon jardin se réveille toujours tôt pour voir s'épanouir les fleurs d'hibiscus. Si tu te lèves tôt, Nora, toi aussi tu les verras. »

«Oh! Cet arbre est plein
de prunes!»
«Pas la peine de les cueillir,
il suffit de le secouer. Regarde
tout ce qui tombe.»
Nora se précipite pour ramasser
les prunes.
Grand-maman, qui continue à
secouer l'arbre, propose: «Quand
nous en aurons un plein panier,
nous ferons de la confiture.»

Après dîner, c’est l’heure pour Nora d’aller se coucher.
Demain matin, elle se lèvera tôt et prendra son petit déjeuner – des tartines à la confiture de prunes – assise à côté de l’hibiscus.
À cette pensée, elle glousse de joie.
Puis, bien fort, elle dit : « Bonne nuit, Grand-maman. »

Nora lit une histoire à Maggie et à Pouh. Mais soudain elle croit entendre un bruit. Il n'y a pourtant personne d'autre dans la chambre.

Lentement, le couvercle de la vieille malle posée dans un coin de la chambre se soulève, et un premier jouet pointe le bout du nez. Puis un deuxième, puis un troisième…
L'un après l'autre, les jouets sortent de la vieille malle et se mettent à gambader tout autour de la chambre.
Il ne faut pas longtemps à Nora, Maggie, Pouh et Kiki pour se joindre à eux !

Après les jeux, tous sortent se rafraîchir sur la terrasse. La nuit d'été est pleine d'étoiles, il y en a partout au-dessus des palmiers et des cyprès...

«Jolies étoiles», les appelle Nora, «j'aimerais que vous descendiez du ciel.»
«C'est facile!» s'écrient en chœur les jouets.
«Attends. On va te les chercher!»
Et ils s'envolent dans le ciel nocturne.

Le couvre-lit de Nora est bientôt jonché d'étoiles. On dirait une robe brodée de pierreries, Nora n'a jamais rien vu de plus beau. Vive la princesse Nora ! Vive la princcsse des Étoiles !

Soudain Nora entend sa grand-mère qui monte l'escalier. Vite, vite!
Les étoiles se cachent dans la malle, et les jouets s'immobilisent.
Grand-maman jette un coup d'œil dans la chambre. Elle ne peut s'empêcher de sourire. «Nora, ton livre est à l'envers. Tu as joué avec tes jouets, hein?»
Grand-maman se souvient qu'à l'âge de Nora, elle aussi jouait souvent avec ses jouets au moment de se coucher – surtout par les chaudes nuits d'été.
«Bonne nuit, Nora.»
Grand-maman redescend doucement l'escalier.

La fête reprend de plus belle.
«On va coller les étoiles ensemble!» propose quelqu'un.
Ils font une couronne d'étoiles, un collier d'étoiles, une ceinture d'étoiles, un train d'étoiles...
Tout est possible.

Soudain un coup de vent agite le rideau et pénètre dans la chambre. Nora s'avance sur la terrasse et lève les yeux vers le ciel.
«Oh!»
Le ciel est noir comme l'intérieur d'un four.
Une obscurité totale a envahi le firmament.

Et puis, une goutte de pluie. Le ciel pleurerait-il ?

Nora contemple la nuit en réfléchissant. Dans la chambre, les jouets s'amusent comme des petits fous avec les étoiles. Mais le ciel, lui, est tout noir et semble si triste.

Une seule solution, décide Nora. Elle va rendre au ciel toutes les étoiles qu'elle lui a prises.

« Allez, les étoiles ! s'il vous plaît, retournez dans le ciel ! »
Nora secoue son couvre-lit, et les étoiles scintillantes remontent dans le ciel nocturne.

Nora, Maggie, Pouh et Kiki retournent au lit.

Quant aux jouets, hop ! dans la vieille malle.

Les étoiles ont repris leur place dans la nuit.
Sous le firmament, la maison couleur de soleil, les arbres, les fleurs et la mer infinie s'endorment.
« Voilà la vraie place des étoiles », se dit Nora en regardant une dernière fois le ciel ; et puis elle s'endort, elle aussi.